YO NO QUERÍA
PERO ÉL QUISO

Diseño de portada, interior y edición: Blessed Books Creations
Facebook.com/ Blessed Books Creations
Email: blessedbookscreations@gmail.com

Foto de portada: Ismael Martínez

Email: pastorayaritza@gmail.com

Clasificación: Testimonio, Crecimiento Espiritual

Contenido

Introducción   7

Capítulo 1
La historia detrás de la gloria   11

Capítulo 2
Un llamado no aprobado   19

Capítulo 3
Yo no quería, pero Él quiso   29

Capítulo 4
La promesa a través del milagro   39

Capítulo 5
De los fracasos escribí victorias   47

Capítulo 6
Cuando ser fuertes es la única opción   59

Capítulo 7
Dios estuvo en control   69

Capítulo 8
Una lección de fe   77

Capítulo 9
Levantando las ruinas   93

Capítulo 10
Escucha la voz de mi silencio   105

Agradecimientos

Primeramente, agradezco a mi Señor Jesucristo porque, aunque no lo merecía puso sus ojos en mí, y por medio de su gracia y misericordia, hoy puedo narrar mis vivencias en el evangelio.

A mi amado esposo, por siempre apoyarme y darme palabras de ánimo, te amo y le doy gracias a Dios por ponerte en mi vida. A mis hijos, por tenerme tanta paciencia.

A mi iglesia, Rompiendo Barreras, por su amor y apoyo incondicional. A los líderes de la casa, por ser de tanta bendición en nuestras vidas.

A mi hermosa madre, la mejor, mi más grande inspiración. A mis hermanos, cuantos los amo. A mi hermosa familia, gracias por creer en mí.

A mis amados suegros y cuñados, gracias Evaliz y Shaliet por mi arreglo personal.

A mis amigas Nayoka y Tekyana por siempre estar, mi Chaqui, te amo, Paola gracias.

Y no puedo dejar de agradecerle a la profeta Rita Arias, por inspirarme a escribir y a la mejor editora Mary Martínez por ser de tanta bendición a mi vida.

Gracias, con amor, Yaritza

Introducción

¡Yo no quería, pero Él quiso! No soy escritora, ni nada parecido. Soy solo una mujer que decidió abrir su corazón debido a la desinformación, y a la gran necesidad de dejarle saber al mundo que, antes de cualquier victoria, hay una verdad absoluta de la que muchos no se atreven a hablar. Muchas veces por el miedo a ser señalados, por aquellos que conocen cómo éramos antes de ser llamados por un Dios de infinitas misericordias. Un Dios que aun conociendo lo peor de nosotros, nos escogió con un propósito desconocido, sí desconocido, pues no es hasta que pasamos ciertos procesos en nuestra vida ministerial que reconocemos el propósito para el que Dios nos escogió.

Cada capítulo escrito, solo nos hace recordar que nada, absolutamente nada, de lo que hemos logrado, lo hemos hecho por voluntad propia, ni por capricho, que todo se lo debemos al dueño de nuestra vida, nuestro Padre Celestial. Es un honor para mí que tomara de su valioso tiempo para leer este libro, a través de él solo quiero dejarle saber que aun en el día más difícil, doloroso, sufrido o como quiera llamarle, Dios está preparándole para el cumplimiento de lo que le fue entregado. Que usted puede lograrlo, que vea lo que vea y viva lo que viva, no se rinda. No se avergüence de quién era, porque a través de lo que era y la necesidad de Dios en su vida, se ha convertido en quien es ahora. Así que, hoy puede gritar conmigo: "YO NO QUERÍA, PERO ÉL QUISO" tuve que sufrirlo, pero hoy puedo decir Ebenezer, hasta aquí me ha ayudado Dios.

Capítulo 1

La historia detrás de la gloria

Muchas veces cuando las personas observan la obra de Dios en nuestras vidas, no son capaces de imaginar cómo éramos antes de conocer el poder transformador de ÉL. Ignoran que para alcanzar aquello que Dios predestinó para nosotros antes de la fundación del mundo es necesario ser quebrantados, y moldeados a Su voluntad y no a la nuestra.

Nací en un hogar disfuncional donde los conflictos, la mala conducta y el maltrato físico y verbal, estuvieron presentes. Soy la tercera de cuatro hermanos: tres hembras y un varón, a los cuales amo con mi vida y por los que agradezco cada día a mi Señor, no cambiaría nada de ellos son una bendición en mi vida. Todos crecimos bajo la sombra de un patrón repetitivo de violencia doméstica hacia mi madre debido al consumo de bebidas alcohólicas. Aunque nuestro padre no nos maltrataba directamente a nosotros, de igual manera afectó nuestras vidas. Hoy decido abrir mi corazón a relatar cosas que son muy personales, pero que marcaron un antes y un después, pues no puedo hablar de mis victorias sin narrar el camino que tuve que recorrer para poder alcanzar lo que ahora testifico.

Tengo una madre maravillosa, es un gran ejemplo para seguir, sin embargo, me costaba imitarla y ser igual a ella. Prefería imitar la mala conducta que tanto criticaba, para continuar sumando a esa rebeldía que día tras día seguía creciendo en mí, y que me era imposible cambiar. Salidas sin hora de regreso, mala conducta en la escuela, bebidas, bailes y tantas cosas que me hacían sentir un placer momentáneo, digo momentáneo, porque no es hasta que conocemos al Señor que nos damos cuenta de que el mundo nada bueno tiene que ofrecernos, y que aunque aparentemos felicidad, esta es totalmente fingida.

"No es hasta que conocemos al Señor que nos damos cuenta que el mundo nada bueno tiene que ofrecernos".

Me creía sabia en mi propia opinión, cuando la Biblia nos aconseja en el libro de Proverbios 3:7 "No seas sabio en tu propia opinión, teme a Jehová y apártate del mal". Claro que para ese entonces no lo había leído, y posiblemente si lo leía no lo pondría en práctica, pues había construido mi propio mundo. En ese mundo nadie me haría lo que le hicieron a mi madre, pero que irónica es la vida, en el libro de Job 3:25-26 dice: "Lo que más temía, me sobrevino; lo que más me asustaba me sucedió. No encuentro paz ni sosiego; no hallo reposo, sino solo agitación", creo que dentro de ese caparazón de mujer maravilla había algo muy escondido que nadie conocía, y que yo no estaba dispuesta a revelar, pues aprendí a no contar mis debilidades, estas eran armas a mis burladores para herirme. Esto no lo aprendí en el evangelio, me lo enseñó mi viejo y hasta el sol de hoy lo practico.

Existen muchos tipos de temores, pero el temor al fracaso es el más terrible, no solo porque te hace dudar, sino porque te paraliza. Este temor nos agobia haciéndonos pensar que no podremos lograr algo. Así me encontraba yo, tratando

"Toda acción en nuestra vida se basa en desiciones".

de formar un mundo a la manera de "Yary", ignorando por completo que ya Dios había escrito una historia diferente, con un contenido distinto al que mi humanidad quería. Hubo personas a mi alrededor, como Brenda Rivera, quien siempre me daba el mejor consejo. Esta mujer me llevaba a sus prédicas, hoy la honro y amo. No obstante, yo prefería seguir construyendo mi propio mundo, ese que no permitía que nadie aportara en su construcción. Sin embargo, tomando la decisión de hacer mi propia vida como yo quería, arrastré en mi mala manera de vivir a personas que convertí en víctimas de mi rebeldía.

Toda acción en la vida se basa en decisiones, estas se originan en la mente con un "pienso hacerlo" y después pasan a la voluntad con un "quiero hacerlo". Todos en nuestra vida hemos tomado decisiones buenas y malas que han traído consecuencias. Así estaba yo, pagando las consecuencias de las decisiones que estaba tomando, las cuales me llevaron a tener una relación similar a lo que un día dije que jamás permitiría que pasara. Vencieron mis temores, lo que temí eso estaba viviendo: una relación tóxica. Éramos dos jóvenes ignorantes después de cometer un error, afrontando un matrimonio para el cual no estábamos preparados. Esto acarreó una vida de maltrato de ambas partes, ninguno más que el otro. Con el conocimiento que tengo ahora, reconozco que si no leemos las escrituras no sabremos si nuestras decisiones agradan a Dios o no. La clave para ordenar sus prioridades es poner a Dios como cabeza, luego Él se encargará de poner todo como corresponde.

"Si no leemos las escrituras no sabremos si nuestras decisiones agradan a Dios o no".

Esta relación fue una relación extraña, cada cual hacía lo que quería. Recuerdo un 31 de octubre del 1997 en una de mis tantas salidas y rumbo a unas de mis discotecas favoritas, la cual frecuentábamos los fines de semana, que comencé a sentir algo muy extraño dentro de mí. No se trataba de salud, era algo muy personal. Era la primera vez que me sentía incómoda en aquel lugar al que me gustaba frecuentar. Tal fue mi incomodidad en aquel lugar, que decidí regresar a mi hogar. En el camino comencé a entonar una alabanza de las hermanitas Meléndez, y a la misma vez sentía que lágrimas brotaban de mis ojos y corrían por mis mejillas. En ese momento, lo atribuí a la condición en la que estaba, pero al levantarme al otro día sentía lo mismo. Ahora puedo reconocer que Dios estaba tratando conmigo.

Aquella situación era sumamente incómoda, pues ¿cómo les diría a mis amistades que Dios estaba tratando conmigo? ¿En base a qué, si solo sentía algo extraño dentro de mí? ¿Cómo les explico? Decidí dejar pasar por alto aquello y seguir con mi vida normal, continué con ella, pero ya no era la misma. ¿Alguna vez ha sentido un peso en su corazón, algo que no puede salir de su mente por más que quiera? Es esa idea que tiene y no puede dejar de pensar en ella. Es posiblemente la voz del Espíritu, diciéndole qué es lo que quiere con usted. Ahora puedo testificar, que eso era lo que exactamente estaba sintiendo en ese momento, claro en ese momento no lo podía discernir de la misma manera, pero hoy puedo gritar que Él estaba llamando mi atención.

En diciembre de ese mismo año, falleció la hermana del que era mi esposo, eso marcó mi vida, pues no podía entender cómo alguien que le servía al Señor pudiera perder la vida. Esa situación me hizo asistir a la iglesia, pero muy clara de que era sin ningún tipo de compromiso. Así continué asistiendo hasta que, en el mes de enero de 1998, específicamente el día 19, hubo un culto especial. Me encontraba sentada a la parte de atrás con mi rostro inclinado, no obstante, cuando levanté mi mirada estaba frente al altar, no me pregunte cómo llegué, solo sé que allí estaba envuelta en lágrimas y con miles de preguntas dentro de mí. Miraba a mi alrededor y me hablaba a mi interior en repetidas ocasiones, me decía: "Yary, tú siempre decías que el día que le aceptaras no volverías atrás, Yary, ¿estás segura de lo que vas a hacer? Yary, tus amistades. Entre tantos pensamientos que atormentaban mi mente, de mi boca salió: "Sí Señor te acepto", hoy puedo gritar Ebenezer, hasta aquí me ha ayudado Dios.

Capítulo 2

Un llamado no aprobado

¿Alguna vez se ha preguntado, qué hago aquí? Esta era la pregunta que una y mil veces retumbaba en mi mente. ¿Habré hecho lo correcto? ¿Esto será para mí? ¿Podré soportarlo? Estas y muchas interrogantes más estaban en mi mente. No obstante, decidí continuar, pues siempre dije que el día que pusiera mis manos en el arado jamás tornaría mi mirada atrás.

Comencé un nuevo estilo de vida, no porque tuviera la necesidad de un milagro físico, económico, de una palabra profética o el deseo de ser reconocida. Simplemente era algo muy personal entre Él y yo. Tenía mi trabajo y era una mujer que amaba la independencia, sin embargo, tenía un vacío en mi alma, pero que me costaba reconocer. No era un vació de nada material o de alguna necesidad personal, sino de algo diferente, algo que no me podía entregar ningún hombre. Era la falta del Espíritu en mi vida, la falta de una verdad absoluta que solo encontraría a través de mis tormentas y de los días de dificultades dentro del evangelio.

Reconociendo todas mis limitaciones, decidí servir a Dios pensando que sería fácil, que todos mis problemas serían resueltos, que todos me amarían y que todo sería perfecto. No obstante, esa no era la manera correcta de ser escogidos. Sí, dije: "Escogidos", porque no basta con ser llamados. La Biblia dice en Mateo 22:14: "Muchos son los llamados y pocos los Escogidos". El escogido padece por la causa de Cristo y le es contado como bienaventuranza. "Bienaventurados sois cuando por mi causa os vituperen y os persigan y digan toda clase de mal contra vosotros mintiendo" Mateo 5:11-12. Cuando es escogido, el infierno intentará sabotear toda palabra de bien lanzada sobre su vida, dándole paso a aquello que en un momento dado representó su pasado. El apóstol Pablo experimentó en carne propia esto, pues aun a los discípulos les costó trabajó reconocer que ya él no era Saulo, sino que se había convertido en Pablo.

"Cuando es escogido, el infierno intentará sabotear toda palabra de bien lanzada sobre su vida".

Hoy le digo que, aunque se empeñen en llamarle por quien era, algún día tendrán que reconocer que ya no vive usted, sino que vive Cristo en usted. Él es experto en cambiar nombres y hacerle una vasija de honra. Fueron aquellos mismos que un día celebraron mi conversión y arrepentimiento en público los que pasado el tiempo persistían en mantener viva esa vieja criatura que había en mí. Por mi parte, yo me encontraba sin guía, sin conocimiento de la palabra, sin entender el significado de la cruz y recibiendo de aquellas personas el "cómo debía verme delante de los hombres", sin embargo, mi alma estaba sangrando, esperando que alguien me hablara del amor y la misericordia de Jesús, que se tomara el tiempo de sanar mis heridas y dejaran de atormentarme con lo que representaba mi pasado.

Se que habrá personas que se identifiquen con esto, pues vivimos en un tiempo donde pesa más la opinión de lo que digan los hombres, bloqueando así lo que Dios quiere hacer en nuestras vidas. No obstante, por encima de los hombres va la palabra que Dios habló sobre nosotros y cobrará cumplimiento a través de la obediencia, pues aprendí a ser obediente, aunque no estuviera de acuerdo con el lugar a donde Dios me llevara.

Ahora que hay madurez espiritual, puedo reconocer que era necesario que no creyeran en mí, pues no es el hombre el que debe creer. "No me elegiste vosotros a mí, sino que yo os elegí a vosotros" Juan 15:16. ¿Por qué nos afecta tanto la opinión de los hombres? Porque no hemos reconocido que no le escogimos a Él, sino que Él nos escogió a nosotros para que padeciéramos por su causa. "Porque a vosotros os es concedido a causa de Cristo, no solo que creáis en Él, sino también que padezcáis por Él", no es simplemente decir que cree en Él, sino que es necesario padecer por Él para que goce del privilegio de ser escogido.

Todos en algún momento hemos tenido sueños y anhelos en este caminar que muchos llaman evangelio, sin embargo, si en este momento me preguntara, ¿querías ser ministro? ¡Categóricamente te diría que no! No obstante, a pesar de lo que estaba viviendo Dios envió un profeta para desatar una palabra sobre mi vida. Tal vez no era la más cualificada e incluso era invisible para los hombres, pero tenía la mirada puesta en mi Padre Celestial.

Recuerdo que estando en la iglesia sentada en la parte trasera, y con mi rostro inclinado, los pensamientos inundaban mi mente. Pensaba en mi humanidad y me sentía sin deseos de continuar. Había recibido tanto rechazo que pensaba que no pertenecía a aquel lugar y que debía regresar a lo que anteriormente era. En cambio, contrario a mis pensamientos recibí un llamado a subir mi rostro porque Dios quería hablar conmigo, esto ante la mirada atónita de los que allí estaban totalmente sorprendidos y expectantes de qué era lo que Dios quería hablar con esta mujer pecadora. Muchas veces el señalamiento de la sociedad nos hace pensar que no somos merecedores de que Dios quiera tener algún trato especial con nosotros, pero Él es Dios y tiene misericordia de quien quiere tener misericordia (Romanos 9:18).

Aquella experiencia fue el comienzo de algo que se me hacía difícil de creer, pues era todo lo contrario a lo que sentía y experimentaba. No obstante, quiero decirle que a través de la adversidad es que reconocemos que lo que viene será poderoso en el Señor. Pero necesitamos convertirnos en personas de resistencia y persistencia, personas a prueba de todo. Dios me recordó quién era para Él y las cosas que tenía para mí, cosas demasiado maravillosas para poder creerlas y entenderlas.

Luego de que la palabra fue desatada, comencé a ver todo lo contrario. Ahora puedo reconocer que el infierno quería interrumpir lo que Dios tenía conmigo, pues él sabía lo que sucedería si resistía. El tiempo continuaba pasando y seguía asistiendo a la iglesia por encima de lo que pensaran, aunque no tenía conocimiento de la palabra, actuaba como enseña el apóstol Pablo a Timoteo, "Porque no nos ha dado Dios espíritu de cobardía, sino de poder, de amor y de dominio propio" (2 Timoteo 1:7), pues ninguna palabra corrompida va por encima de lo que Dios ya habló sobre su vida, nada, ¡dije nada! Mujer y hombre de Dios nunca permita que le hagan dudar de lo que Dios dijo sobre usted, sobre su casa, sobre su matrimonio y sobre sus hijos,

"A través de la adversidad es que reconocemos que lo que viene será poderoso en el Señor".

porque no hay hombre sobre la faz de la tierra que pueda detener lo que Dios dijo de usted, excepto usted.

Yo no asistía en busca de que se cumpliera lo que Él había dicho que haría en mí, sino que constantemente peleaba con mi yo, ¡sí mi yo! Había una lucha entre mi carne y mi espíritu, lo que mi carne quería, y lo que mi espíritu me hacía sentir que era lo correcto. Si alguna vez ha experimentado esto, no se sienta mal, el apóstol Pablo lo dijo de esta manera: "Porque no hago el bien que quiero, sino el mal que no quiero, eso hago. Y si hago lo que no quiero, ya no lo hago yo, sino el pecado que mora en mí. Así que, queriendo yo hacer el bien, hallo esta ley: que el mal está en mí. Porque según el hombre interior, me deleito en la ley de Dios; pero veo otra ley en mis miembros, que se rebela contra la ley de mi mente, y que me lleva cautivo a la ley del pecado que está en mis miembros. ¡Miserable de mí! ¿Quién me librará de este cuerpo de muerte? Gracias doy a Dios, por Jesucristo Señor nuestro. Así que, yo mismo con la mente sirvo a la ley de Dios, mas con la carne a la ley del pecado", Romanos 7:19-25.

"En ocasiones, cuando la duda le atormente Dios enviará un refuerzo de fe".

En ocasiones, cuando la duda le atormente Dios enviará un refuerzo de fe. Había transcurrido un tiempo de aquella palabra que me había entregado el profeta. Sin embargo, allí me encontraba en mi hogar llena de tantas dudas. Me sentía afligida cuando se suponía que estuviera llena de gozo, pues había tomado la decisión correcta.

Recuerdo que estando en mi hogar, recibí una llamada telefónica. Al contestar era una llamada muy extraña, quien hablaba tenía un lenguaje muy distinto al que yo hablaba, así que se me hacía difícil entender lo que aquella persona quería decirme. Esta persona estaba hablando en las lenguas que menciona la palabra en 1 Corintios 12:10. Dios comenzó a hablarme a través de aquella sierva de Él y a confirmar todo lo que ya me había dicho a través del profeta. Me decía que Dios me llevaría a diferentes lugares, que pondría anillo de oro en mis manos y que mi llamado era de altar.

Al terminar la llamada dudé por completo de todo lo que había escuchado, pues pensaba, cómo una mujer que apenas sabía orar podría ser usada por Dios, cómo Él podía tener un trato tan especial conmigo. La realidad era que yo solo quería la salvación, no la exposición. Todo aquello era muy difícil de asimilar para mí, tal vez para muchos podría ser un tiempo de celebración, pero para mí se convirtió en uno de confusión. Este era un llamado no aprobado por los hombres y en aquel momento me sentí como Jeremías cuando tuvo que gritar su lamento, "Me sedujiste, oh Jehová, y fui seducido; más fuerte fuiste que yo, y me venciste; cada día he sido escarnecido, cada cual se burla de mí", Jeremías 20:7.

Capítulo 3

Yo no quería, pero Él quiso

El año de 1998 fue uno que marcó mi vida, como mencioné en el capítulo uno, comencé el año reconociendo que necesitaba a Dios en mi vida y en el mes de julio me casé nuevamente recibiendo todo tipo de señalamientos. Algunos comentarios eran que nuestro matrimonio no duraría, que mi esposo podía buscar algo mejor o incluso que yo no era la mujer que Dios tenía para Él. No obstante, me parece haber escuchado una voz del cielo decir, lo que Dios ha limpiado no lo llames inmundo, Hechos11:9.

Una vez ya casados, y con un círculo de amistades muy reducido, decidimos servir a Dios en una iglesia un poco apartada de donde residíamos. Fue entonces que, estando sentados en la parte de atrás de aquella iglesia, el varón que estaba ministrando se viró hacia nosotros y comenzó a desatar una palabra sobre nuestras vidas. El dijo: "Porque ya no serás más indio, de ahora en adelante serás cacique". La experiencia en el evangelio de mi esposo le permitió discernir la palabra, sin embargo, yo no tenía conocimiento espiritual por lo que le pregunté: "¿Qué fue lo que el varón quiso decir? Él me contestó: "Tengo llamado pastoral". En medio de la conversación continuaron mis preguntas: "¿Qué significa eso?" Él me contestó: "Creo que llegó el tiempo". ¡Pastores! Esta palabra causó terror en mí y miles de preguntas, aquella palabra no cabía en mi mente, y mi humanidad no lo asimilaba, aunque pensé que tardaría mucho tiempo en concretarse.

En noviembre de ese mismo año, nos instalaron como pastores en el residencial La Rivera, en Las Piedras. Fueron muchas experiencias fuertes en un mismo año que yo no pedí ni esperé. En muchas ocasiones, me preguntaba ¿Qué hago? Pues no sabía orar, apenas estaba conociendo de Dios e incluso le supliqué a mi esposo que les dijera que no me llamaran pastora, sino que me llamaran por mi nombre. Desde los comienzos la iglesia fue una iglesia de avivamiento, así que esto lo hacía mucho más difícil para mí. Recuerdo que la iglesia comenzó a llenarse y empezaron a ocurrir cosas sobrenaturales, sin embargo, eso me afectaba, pues no entendía y aunque me gustaba no lo comprendía. Había miles de preguntas sin respuestas dentro de mí, aún así, continuaba esperando en el Señor y confiada en que en algún momento comprendería la razón de mi llamado.

En ocasiones, al contar este testimonio y decir que se estaba llenando la iglesia en medio de un fuerte avivamiento, las personas comienzan a pensar que eso es lo que cualquier ministerio desearía. Sin embargo, eso es lo que puede observarse desde las gradas, pero no es necesariamente lo que se experimenta en el terreno del juego. Cuando vemos una pelea de boxeo y observamos que nuestro boxeador preferido está ganando, lo celebramos y hasta damos nuestras opiniones de como debería ser la pelea. No obstante, aunque gane, lleva las marcas de ese duro combate. Muy similar a esto es el evangelio, usted ve lo superficial, pero no la batalla que se desata tras bastidores y las guerras espirituales que experimentan los ministros para mantener esa llama encendida.

"Mientras nuestra opinión sea desde las gradas hablaremos por lo que vemos".

A medida que nuestro ministerio avanzaba, comencé a ver cómo mi esposo sacrificaba su sueño por buscar el rostro de mi Señor. Eso era algo que se me hacía imposible comprender, porque mientras nuestra opinión sea desde las gradas hablaremos por lo que vemos, pero cuando decidimos entrar al terreno del juego, nos damos cuenta del alto precio que hay que pagar para poder ser testigos de su poder.

Seguíamos viendo cosas que mi humanidad no podía explicar, cosas demasiado sobrenaturales, pero al mismo tiempo se levantó un ataque del mismo infierno. Ya con madurez espiritual puedo entender que era un plan orquestado por el mismo infierno, para detener lo que Dios ya había dictaminado para ese lugar. El tiempo seguía pasando y comencé a imitar lo que veía de mi esposo; la oración. Si algo aprecio de mi esposo es que no me obligó a hacer nada, el dejó que yo buscara mi propia experiencia con el Señor.

Así que allí me encontraba yo, buscando mi propia experiencia e intimidad con Dios, la que me causaba una sensación de paz muy necesaria en el comienzo del ministerio. Empecé a fluir de una forma diferente, y en el mes de febrero del 1999, ya en mis ocho meses de embarazo, experimenté una de las experiencias más dolorosas de mi vida. Recuerdo que era un viernes donde reuníamos a los jóvenes en un servicio poderoso. Estuvo presidido por el presidente de los jóvenes el cual era como un hijo para nosotros. Él había compartido con mi esposo desde antes de ser pastor, por lo que había una relación de hermanos entre ellos. Era una bendición para nosotros y su corazón era uno de servicio, aparte de ser el presidente de la juventud, era músico y guiaba el autobús de la iglesia. Esa noche fue un culto poderoso, sin embargo, al terminar el servicio él me abrazó y comenzó a hablarle a mi vientre. Le decía: "Tío siempre te va a amar", y en ese momento nos fundimos en un abrazo. Treinta minutos después, de regreso a mi casa, recibimos una llamada donde nos informaban que el había tenido un accidente. Conociendo mi avanzado estado de embarazo nos dijeron que él estaba bien, no obstante, de camino hacia el lugar del accidente, mi esposo me tomó de la mano y me dijo: "Mami, como el suele llamarme, el Señor me dijo que se lo llevó", yo comencé a cuestionarle lo que me decía, pues quien nos llamó para darnos la noticia nos dijo que estaba bien. Le pregunté: "¿Por qué me dices que está muerto?" La duda invadió mi vida, así que comencé a cuestionarle a Dios con frases tales como: "Él acaba de predicar, él estaba haciendo tu voluntad, ¿por qué te lo llevaste? No sé si alguna vez ha experimentado esa sensación de impotencia ante lo que está viendo o viviendo, y se ha atrevido a cuestionarle a Dios sabiendo que no tenemos el derecho de hacerlo.

En ocasiones nuestra humanidad nos obliga a gritar y así me encontraba yo. Cuando llegamos nos encontramos con la devastadora escena. En mi interior, me preguntaba cómo le diríamos a su mamá y tuve la lucha más intensa de mi vida. Llegamos donde se encontraba su madre en horas de la madrugada con aquella terrible noticia. Al vernos, ella se acercó a nosotros, y sin decir una sola palabra cayó de rodillas y a gran voz exclamó al cielo: "Jehová dio, Jehová quitó sea el nombre de Él bendito". Mi alma estaba desgarrada en mil pedazos y no comprendía nada. Llegó el día de su velorio y yo con miles de preguntas. El primer día luego del mensaje, treinta vidas aceptaron al Señor, entre ella su madre. ¿Cómo era posible que él perdiera su vida y que de esa manera Dios salvara a su familia? Así son los misterios de Dios, para nosotros tener vida Él fue capaz de entregar la suya propia. "Porque de tal manera amó Dios al mundo, que dio a su Hijo unigénito; para que todo aquel que cree en Él, no perezca, sino que tenga vida eterna", Juan 3:16. Lo más duro de este proceso era regresar a la iglesia y no verlo, no obstante, continuamos la encomienda, aunque angustiados, pero funcionando.

Ya se acercaba el tiempo de mi alumbramiento y aunque seguimos adelante viendo la cosecha de almas en la iglesia y un gran avivamiento, seguíamos peleando grandes batallas. En ocasiones escuchábamos como hombres de Dios lanzaban palabras de maldición sobre mi vida y embarazo, sin embargo, algo

"Cuidado con la altivez, esa que nos hace pensar que tenemos el derecho de condenar a las personas por el grado espiritual que hemos alcanzado".

que he aprendido al igual que David, es a respetar los hombres de Dios, él aun conociendo la condición de Saúl le continuaba llamado ungido. Con lo que relato no pretendo hacerle pensar que no eran ungidos de Dios, pues no me corresponde a mí sino a Dios, escoger a sus ungidos. Pero cuidado con la altivez, esa que nos hace pensar que tenemos el derecho de condenar a las personas por el grado espiritual que hemos alcanzado olvidando que la Biblia dice que: "De quien quiere, tiene misericordia", Romanos 9:18.

¿Cuántas veces ha sentido el rechazo y el señalamiento constante de aquellos que se supone que siendo espirituales levanten sus manos? Ellos en vez de ser la evidencia de lo que Dios va a hacer con usted, se convierten en el recuerdo de su pasado, ese en el que el enemigo quiere que permanezca y del cual quiere mantenerle esclavo. Pero, regocíjese por que es la estrategia perfecta que Dios, Él la utilizará para convertirle en dependiente absoluto de Él.

Capítulo 4

La promesa a través del milagro

Entre tantos recuerdos que tengo de mis comienzos como pastora, hay uno en específico que marcó mi vida por completo. Antes de conocer al Señor, siempre decía que, si algún día le servía, quería ser llena de Su Espíritu Santo, pues cuando tenía la oportunidad de visitar la iglesia a la cual mi mamá asistía veía esas manifestaciones maravillosas. No obstante, en aquel momento, pensaba que eso era solamente para personas especiales, por lo que en mi vida no sucedería, pues Dios nunca pondría sus ojos en mí, para aquel entonces no conocía lo que dice su palabra: "Antes de que naciera mi embrión vieron sus ojos".

En aquel momento, el lugar donde a Dios le había placido que fuéramos pastores, era uno lleno de lo que yo tanto anhelaba, su presencia, pero a mí no me tocaba. Era muy incómodo para mí porque veía a todos recibir la promesa del Espíritu Santo y me preguntaba por qué yo no la recibía. Constantemente en mi ignorancia le reclamaba al Señor, pues era la esposa del pastor y me preocupaba qué iba a pensar la gente de mí, ese pensamiento en vez de permitirme gozarme en el servicio me entristecía, porque aún no asimilaba qué hacía yo allí. Recuerdo que fueron muchos servicios sintiendo lo mismo, y viendo que todo el que llegaba era bautizado por el Espíritu Santo y yo seguía esperando que pasara conmigo.

Una noche, mi esposo tenía un compromiso en otra iglesia y para ese tiempo, hacen 22 años atrás, solía ir con toda la iglesia a respaldar al pastor. Era un servicio de jóvenes junto a una media vigilia, ¡se puede usted imaginar! Para ese momento yo estaba embarazada de mi niña y el servicio no se quería terminar, se sentía una unción poderosa, la iglesia estaba llena, y había un grupo de jóvenes que estremecían el trono de Dios con su intensa adoración. Quien militó en los caminos del Señor para ese tiempo, conoce de lo que estoy hablando, aunque fue uno donde había mucho dogma de hombre, el poder de Dios era demasiado palpable, tan literal como si la nube de Dios se hubiera posado en aquel lugar.

En mi caso era muy difícil pues no sentía nada, mi esposo terminó su mensaje y comenzó a ministrar por el bautismo del Espíritu Santo, en ese momento pensé que él me llamaría y como era su esposa Dios me va iba a bautizar, creo que me parecí un poco a Naaman cuando pensó que Eliseo le tenía que poner las manos por tratarse de él, no obstante, Eliseo ni siquiera lo recibió, le envió un mensaje a través de su criado para que fuera al Jordán y se metiera en el río siete veces, así que esto le causó incomodidad. Y así estaba yo, como era mi esposo sentía tenía que orar por mí para recibir la promesa. Eran las 11:30 P.M. y veía a todos llenos de la unción de Dios, en ese momento mi esposo dijo: "Dios me dijo que llame a alguien porque Él lo va a bautizar" al escucharlo pensé que sería yo, sin embargo, el nombre que mencionó fue el de mi primo hermano. Sentí una tristeza que consumía todo mi ser y nuevamente comencé a cuestionarle a Dios, pero esta vez en un tono más retador. Le dije: "Si no me tocas, voy a empezar a brincar por que yo soy la esposa del pastor". Que mucho nos exigimos para llenar las expectativas de los demás, siempre tratamos de sobre exigirnos por el qué dirán y qué pensarán de nosotros. ¡Yo lo viví!, sí la que todos conocen como la pastora Pizarro, en algún momento también fue víctima de los prejuicios de aquellos que te exigen algo que ni ellos viven.

Esa noche fue una en la que quería que vieran que la pastora también danzaba. Dentro de mi enojo con el Señor, Él seguía hablándole a mi primo hermano, este había conocido al Señor conmigo y hasta el sol de hoy a permanecido a nuestro lado, esa noche fue lleno del Espíritu Santo. Recuerdo que yo me quedé mirándolo, y de repente sentí cómo mi vientre comenzó a moverse de una manera extraña, pensaba que estaba teniendo contracciones, tenía bultos en mi vientre y mis costillas me dolían, no sabía que me estaba pasando, pero la nube de Dios estaba en ese lugar. Mi esposo estaba ministrando así que lo único que pude hacer fue agarrar mi vientre e inmediatamente que puse la mano sobre mi vientre, fui bautizada con el Espíritu Santo. Mi Señor había bautizado primero a mi niña y a través de ella, yo recibí la promesa. Solo puedo recordar que caí al suelo y de rodillas como cordero de la manada iba por las bancas. Mi niña no dejaba de brincar en el vientre y yo no podía parar, era tan fuerte lo que sentía, que comencé a gritarle al Señor: "Por favor, ya no más", una vez más, Él me recordó que nunca hará nada a mi manera.

"Dios no necesita a nadie para desatar un milagro o cumplir una promesa en su vida, Él solo quiere que usted tenga fe".

Dios no necesita a nadie para desatar un milagro o cumplir una promesa en su vida, Él solo quiere que usted tenga fe, "Si tuvieras fe como un grano de mostaza tú le dirías a ese monte muévete y él se moverá". Nos hemos convertido en dependientes de los hombres mientras Él está esperando que provoquemos nuestro milagro. Luego de aquella experiencia comencé a ver el evangelio de una manera diferente y comencé a buscarle con más intensidad porque necesitaba agradecerle, por que me hizo sentir especial. ¡Sí era especial para Dios!

Capítulo 5

De los fracasos escribí victorias

Luego de haber sido instalados como pastores, comencé a adaptarme a esa nueva forma de vida, sí, dije nueva forma de vida. Recuerde que todo había sucedido tan rápido, que para mí era muy difícil comprender aquel mover y poder ser parte de todo.

Así que, en medio de la adaptación y las muchas experiencias vividas, recibimos la noticia de que teníamos que irnos del local donde nos reuníamos, porque el dueño decidió no renovarnos el contrato. Nuevamente surgieron en mí un sinnúmero de preguntas y entre ellas: ¿Para dónde nos vamos con la congregación que ya ha crecido? Aquella noche el servicio fue glorioso, no obstante, al finalizar todos salimos y mi esposo le colocó candado al local. En aquel momento, quienes eran nuestros co-pastores, nos dijeron que tenían un terreno al lado de su casa y esa noche toda la congregación comenzó a caminar junto a nosotros hasta llegar al lugar que luego se convertiría en nuestra casa de adoración.

Cuando llegamos comencé a observar todo y muy adentro de mí continuaban las preguntas, ¿cómo Dios nos enviaba a este lugar si no había nada? Al otro día, el co-pastor y mi esposo comenzaron a preparar un lugar al cual llamamos "el ranchito", era un lugar muy humilde donde el suelo era de tierra, construido simplemente con cuatro palos y unos cincs rotos, por los cuales se pasaba el agua cuando llovía y se mojaba todo. La gente en la mentalidad humana pensaría ¿quién querrá servir a Dios en un lugar como ese? Sin embargo, los pensamientos de Dios jamás serán como los nuestros, Él comenzó a hacer cosas maravillosas en ese lugar y un libro no me alcanzaría para poder contarlas, liberaciones, sanidades, restauraciones y vidas procediendo al arrepentimiento. Tal vez usted dirá ¡Wao!, eso es lo que cualquier pastor quisiera, una iglesia en crecimiento y llena de avivamiento. Pero nadie ve el alto precio qué hay que pagar, las lágrimas que se derraman cuando se apagan las luces, cuando ya no hay brincos, ni saltos, y las cosas qué hay que tolerar y continuar con la misma sonrisa. Así nos pasaba, aun viendo la gloria de Dios palpable estábamos en una batalla, pues sucediendo cosas extraordinarias, comenzamos a vivir una guerra con el dueño del terreno y de todas maneras quería que nos fuéramos, pero no teníamos a donde irnos, y siempre recurríamos a lo que por 22 años nos ha dado resultado, vivir de rodillas, y recordarle a nuestro Padre que nosotros no le pedimos ser pastores, Él fue quien nos llamó.

Como mencioné al principio del capítulo, era un proceso al cual me estaba adaptando. Dios comenzó a trabajar conmigo en áreas que debían ser rotas y una de ellas era la vanidad. Recuerdo que tuvimos que dormir en el suelo y que incluso cuando orábamos de madrugada los ratones nos pasaban por los pies, pero delante de todos "todo estaba bien". En ocasiones, la ignorancia nos hace pensar que servir a Dios es tan simple como aceptarle y no es cierto. Tenemos que primero negarnos a nosotros mismos, dejar el orgullo, la vanidad y la vieja manera de vivir para hacerlo a la manera que Él quiera. Cada día debemos tomar nuestra cruz y seguirle.

"En ocasiones, la ignorancia nos hace pensar que servir a Dios es tan simple como aceptarle y no es cierto. Tenemos que primero negarnos a nosotros mismos".

Recuerdo que un día nos llegó una citación del tribunal, los vecinos habían firmado para que nos sacaran de ese lugar. El silencio de Dios se hizo presente, no había respuesta del cielo, no teníamos plan B, y no sabíamos que íbamos a hacer. Nosotros continuamos sirviendo a Dios con la misma sonrisa y el mismo entusiasmo, y Dios continuaba llenando la casa. Habíamos puesto una carpa en el terreno y el seguía haciendo milagros, pero seguíamos con la amenaza del tribunal. En una ocasión, llegó a uno de los servicios una mujer muy elegante y hermosa, de edad madura y conducía un carro muy costoso. Ella continuó viniendo a los servicios y se sentaba a la parte de atrás, no obstante, una vez se terminaban se iba muy rápido. En una ocasión el pastor dio el anuncio a la congregación de lo que estaba sucediendo y fue en ese momento que ella se acercó a nosotros. Nos dejó saber que ella era abogada y que se encargaría del caso. Días antes de la vista nos dijo: "Quiero que valla un grupo de la iglesia y se vistan todos de blanco". Así que llegó el día y todos estábamos nerviosos, pero confiados en aquel que nos llamó. Con lágrimas en mis ojos hoy recuerdo aquel momento como ahora, todos los que Dios nos había permitido pastorear, llegaron vestidos de blanco y con la Biblia en la mano. Pero para nuestra sorpresa, la abogada también estaba vestida de blanco.

No todos pudieron entrar, pero escogimos algunos y dentro del grupo estaban los hijos del dueño del terreno que eran nuestro co-pastor y sus hermanos. Al comenzar la sesión ocurrió algo sobrenatural, aquel juez reconoció a uno de los hermanos del co-pastor. Este hermano en muchas ocasiones había visitado el tribunal, pero de una forma diferente. Él había sido un deambulante, y adicto a drogas, sin embargo, en esta ocasión era un hombre diferente. Nuestra abogada comenzó a hablar y relatar lo que sucedía en aquella carpa y finalizó diciendo: "No tienen una estructura, pero hasta yo he sido restaurada". Luego de escuchar a un ex-adicto restaurado, y a una mujer de alta sociedad hablar, el juez estaba listo para dar su veredicto. En aquel momento, luego de mirar al hermano del co-pastor, ver su transformación y que estaba sirviéndole al Señor, el juez dijo: "No puedo cerrar un lugar que está restaurando tantas vidas, se desestiman los cargos contra la iglesia Rompiendo Barreras y los pastores Pizarro".

"Él tiene todo bajo control, le podrán sentenciar, podrá pensar que todo llegó a su final, pero quiero recordarle que la última palabra la tiene Dios".

No teníamos un plan B porque Dios no lo necesitaba. Él tiene todo bajo control, le podrán sentenciar, podrá pensar que todo llegó a su final, pero quiero recordarle que la última palabra la tiene Dios. Al salir de aquella sala lo único que podíamos hacer era adorarle sin vergüenza junto a nuestra iglesia. No dije que se acabaron los problemas, solo que Dios nos entregó la victoria.

Ese lugar llamado "el ranchito", comenzó a producir en mí cambios para bien. Comencé a intimar con Dios de una manera diferente, ya no eran oraciones egoístas, no intercedía por mis deseos personales, ni por mis caprichos, ya podía hacer una intersección colectiva. Sentía algo diferente, comencé a experimentar el poder del ayuno, a vigilar y a interesarme en conocer la palabra de Dios. Aquello me estaba convirtiendo en una mujer de resistencia que aún viendo lo que estaba viviendo podía mantenerme firme.

Luego de algún tiempo tomamos la decisión de movernos de lugar y recuerdo que encontramos un local espacioso el cual fue amor a primera vista. Llenamos el contrato y comenzamos la mudanza, tendríamos un techo y ya no nos mojaríamos. Estábamos como niños con juguete nuevo y súper emocionados. La casa continuaba en crecimiento y Dios seguía haciendo milagros y prodigios, vientres concibiendo hijos, restauración de matrimonios, liberaciones e incluso comenzamos un programa en la radio. Pensamos que era el lugar perfecto y el pensamiento humano se manifestó en mí al pensar que nadie nos sacaría de aquel lugar, remodelamos todo a nuestro gusto pues era un lugar con opción a compra y pensamos que sería nuestro lugar permanente.

Llegando el tercer año de nuestro arrendamiento, emocionados y llenos de ilusión nos reunimos con el dueño para comprar el edificio, pues en eso habíamos quedado. Cuando él comenzó a hablar nos dijo que teníamos que desalojar el edificio. Aquella noticia nos cayó como balde de agua fría, no podíamos creer que por tercera vez estuviéramos pasando por lo mismo, estábamos muy incómodos con la situación y refutamos un tanto molestos, no obstante, él se mantenía en su postura. Por nuestra parte, nosotros continuamos preguntando por qué, hasta que viendo nuestra insistencia decidió decirnos que se lo iba a vender al Departamento de Educación. Salimos de ese lugar desilusionados, llorando y nuevamente llenos de preguntas, ¿cómo le diríamos al pueblo que por tercera vez nos tenemos que mudar?

Comenzamos una búsqueda intensa, pero en esta ocasión no queríamos alquilar, queríamos comprar un terreno. Salimos en búsqueda de uno y recuerdo que llegamos a una urbanización, no sé si era el desespero que había en mí, que comencé a decir que ese era el lugar perfecto, un precio justo, un lugar céntrico, un terreno plano y fácil de construir. Nuestra tesorera, que estaba con nosotros, y yo, estábamos emocionadas, pero mi esposo estaba pensativo. En aquel momento, nos dijo: "Vamos a buscar otro lugar". Dentro de mí comencé a cuestionar su decisión, pues pensaba, el tiempo se está acabando y no tenemos a dónde irnos, ¿cómo que no le gusta? En aquel momento, no entendía que no era que a él no le gustaba, era que no era el lugar que Dios tenía para nosotros. Salimos de allí y llegamos frente a un portón que tenía un letrero de "se vende", en ese instante, mi esposo lo arrancó y yo le dije: "Esto es propiedad privada", y él me contestó: "Este es el lugar que Dios nos va a entregar". Subimos la montaña, pero yo estaba totalmente incrédula.

Comenzamos la búsqueda del dueño del terreno, hasta que por fin dimos con él, nos reunimos y nos informó el precio de venta, era el triple de lo que costaba el otro terreno y debíamos salir del lugar donde estábamos corriendo, lo más pronto posible.

En esa misma semana, nos hicieron una invitación a la ciudad de Boston para una boda, pues querían que mi esposo llevara una reflexión, aunque no era una boda cristiana. Salimos de viaje llenos de preocupaciones. Llegó el día de la boda, pero aquella actividad dejó de ser una boda para convertirse en un culto. Los novios aceptaron al Señor y Dios comenzó a hacer cosas extraordinarias. Al terminar la celebración nos fuimos al lugar de hospedaje con la preocupación del terreno, no obstante, antes que la palabra salga de nuestra boca ya Él la conoce.

Recuerdo que al día siguiente nos reunimos para desayunar con algunas personas de la boda y entre ellos se encontraba Cristina, la madre del novio. Hablamos de nuestros planes para la iglesia y en un momento dado, esta mujer a la que amamos, respetamos y honraremos por el resto de nuestras vidas, se levantó y dejó la mesa, sin embargo, cuando regresó nos entregó una suma de dinero y nos dijo: "Este es el pronto del terreno que van a comprar".

"Cuando operamos por fe, aunque nuestros ojos vean lo contrario, producirá paz en nuestra vida".

Fuimos invitados para una boda, pero Dios conocía nuestra necesidad. Me parece ver a Lot y Abraham: yo por salir del paso, deseaba la llanura, lo fácil, y él dirigido por el Espíritu, decidió seguir la voz del Padre que le dijo: "Ese no es el lugar que tengo para ti".

Cuando operamos por fe, aunque nuestros ojos vean lo contrario, producirá paz en nuestra vida. Fue un proceso difícil, pues todo lo que proviene de Dios causa resistencia en el mundo espiritual. ¿Por qué nos empeñamos en hacer creer que lo que proviene de Dios tiene que ser fácil? Para José ver su promesa cumplida tuvo que pasar por duros procesos. Así nos encontrábamos nosotros, después de muchas luchas pudimos adquirir el terreno donde por la gracia de nuestro Señor Jesucristo, hoy es nuestro lugar de refugio.

Luego de esto nos enfrentamos a otra situación: teníamos terreno, pero no estructura. Luego de estar en un lugar cómodos, teníamos que salir de nuestras zonas de comodidad para comenzar de cero y al aire libre. Cuando llovía nos mojábamos, sin embargo, nadie se movía de ese lugar. Sin temor a fallar puedo decir que era el mejor ambiente de adoración que había experimentado en mi vida, Dios comenzó a hacernos saber que Él quería ser el centro de nuestro ministerio.

Hoy podemos estar arriba, llenos de lujos y bendiciones, pero cuando nada de eso esté le adoraremos con el mismo entusiasmo que cuando comenzamos. Él nos permitió ver sus señales seguirnos, sanidades de cáncer, SIDA, una niña que no tenía patela en su rodilla recibió sanidad, una mujer parapléjica terminó danzando en el espíritu. ¡Cuántos milagros creativos experimentamos en el lugar sin puertas, ventanas o lujos, pero lleno de el poder y la presencia de Dios palpable!

Capítulo 6

Cuando ser fuerte es la única opción

Una vez obtuvimos el terreno para la iglesia nos enfrentamos a una innegable situación. No teníamos un techo, así que estábamos expuestos al agua, al sol y al sereno. Luego de algún tiempo, llegó un hermano a nuestra iglesia y nos dijo: "Tengo una carpa que el Señor me dijo que se las entregue". Ante esto, muy emocionados fuimos a buscarla, cometiendo el más grave error que cometemos los ministros; no consultar a Dios para saber si realmente esto provenía de Él.

En ocasiones la necesidad nos hace tomar malas decisiones, pues hay caminos que al hombre le parecen correctos pero su fin es camino de muerte. Rápidamente y emocionados montamos nuestra carpa. ¡Ya no nos mojábamos! Pero, no todo dura para siempre, después de un tiempo el hermano decidió no asistir más a nuestra congregación y nos pidió una reunión donde nos informaba que se llevaría la carpa. Nuevamente regresamos al agua, al sol y sereno, pero adorando a Dios con la misma pasión e intensidad.

Si algo he aprendido en esta escuela llamada evangelio, es a confiar en Dios, aunque no entienda lo que esté atravesando, es a mantenerme confiada, aunque llegue la desesperanza, pues sus planes siempre serán mejores que los nuestros. Continuamos trabajando por la obra, pero llegó el momento que eventualmente sabíamos que tendríamos que enfrentar, la presión de los hermanos diciendo que ya era tiempo de construirle casa al Señor. El reclamo de algunos miembros era constante, nuestra oración ante el Señor se tornó en desespero, pues queríamos complacer el pedido del pueblo olvidando la perfecta voluntad de Dios. Comenzamos a buscar instituciones financieras para solicitar un préstamo y levantarle casa al Señor. Entregamos nuestro hogar como garantía y nuestros créditos personales para complacer el pedido del pueblo.

Para el mes de diciembre del 2011 y luego del evento humillación, el cual llevamos celebrando por 14 años consecutivos y en donde experimentamos el poder sobrenatural de Dios, nos llamaron para cerrar nuestro préstamo de construcción para la casa del Señor. Estábamos emocionados, pues entendimos que Dios estaba a favor de lo que habíamos hecho, y en nuestra humanidad pensamos que Él quería que las cosas fueran así. Nos fuimos a celebrar con el liderato de la iglesia, pronto tendríamos nuestro lugar para adorar. ¡Qué bendición! Emocionados dimos el anuncio a la congregación y todos efusivos adoramos. Ya no nos mojaríamos, ni tendríamos que montar y desmontar el equipo de sonido. ¡Ese era nuestro pensamiento!

Recuerdo que el préstamo lo habíamos realizado con que el acuerdo de que todos aportaríamos para el pago de este, ya que era un pago sumamente alto, pero con lo que no contábamos era con la conspiración dentro de la casa de Dios. Comenzamos la construcción del templo, pero para nuestra sorpresa, se levantaron ciertas personas que decidieron irse de la congregación y no solo eso, comenzaron a influenciar a otros miembros resultando esto en la salida de 30 personas. ¿Cómo era eso posible ahora que estábamos levantando casa a Jehová? No es que se vayan, pues como pastores sabemos que no somos dueños de las ovejas, hay unas que estarán por siempre, otras por un tiempo determinado por Dios, y algunas que simplemente serán aves de paso. Esto es algo que no podemos evitar, pero que causa daño y dolor, no solo a los pastores, sino, a sus hijos y familiares.

Estas personas que habían tomado la decisión de marcharse, llegaron hasta una emisora de televisión donde teníamos un programa y comenzaron a realizar reuniones con líderes de la cadena televisiva con el propósito de que nos sacaran. Fue un año muy duro para mí, Dios estaba quebrantando ciertas áreas en mi vida.

Ver a mi familia sufriendo y hacer silencio me era casi imposible, el dolor de mi familia me consumía por dentro y tenía que hablar. Fue entonces que la salud de mi esposo comenzó a deteriorarse. Recuerdo que en la zona del cuello comenzó a crecer un absceso enorme, esto causó que durante muchos meses él no pudiera dormir. Mis hijos, por otro lado, estaban rebeldes y desilusionados. Yo, por mi parte, escuchaba tantas voces a mi alrededor que se me hacía imposible escuchar la voz de Dios. En mi interior gritaba ¡Yary no te dejes!, dile sus verdades, pero el temor a Dios me lo impedía. Eso no quiere decir que no lo hice, si hubo momentos en que mi humanidad fue más fuerte que yo.

En este proceso, una madrugada mi esposo se paró frente a mí envuelto en llanto y me dijo: "Mami no puedo más, no soporto este dolor". En ese momento me cambié de ropa lo más rápido que pude y llamé por teléfono a una enfermera que asistía a nuestra congregación, ella me dijo: "Vengan los espero en el hospital". Al llegar comenzaron a hacerle análisis, su presión sanguínea estaba muy alta y la azúcar en la sangre por encima de 500mg/dl. Recuerdo que en ese momento la doctora me dijo: "Eso es cáncer", mis hijos comenzaron a llorar sin consuelo, y los padres de mi esposo estaban consumidos en el dolor. En ocasiones, las personas no se percatan de lo que pueden causar cuando por despecho, coraje, malentendidos o simplemente por prejuicios, hablan o accionan contra los ministros de Dios. No entienden que detrás de ellos, hay hijos que nunca pidieron ser hijos de pastores y que viven tratando de ser perfectos, porque si no lo son, rápidamente le ponen la etiqueta.

Recuerdo que cuando escuché a la doctora decirme que mi esposo tenía cáncer, me levanté de la silla con toda autoridad y le dije: "Hágale las pruebas que tenga que hacerle, pero yo le garantizo que no será cáncer". Ella me miró con cara de reto, como si por dentro pensara: "Esta se cree que sabe más que yo", por mi parte, la miré con la misma cara, pero dejándole saber que en mí había sido entregada la autoridad de atar y desatar y que todo lo que atara en la tierra, sería atado en los cielos. Una vez finalizaron los estudios ella me dijo: "Queda descartado el cáncer, pero él tiene un absceso que se desarrolló por dentro y es peligroso porque está cerca de las venas principales, el paciente debe ser intervenido quirúrgicamente".

Llegó el día de su operación, los doctores vaciaron el absceso y le dejaron un hueco en el que cabía la palma completa de mi mano. Fueron meses llenos de mucha incertidumbre donde salía del hospital y me iba a cumplir con los compromisos de él y con los míos. Por otro lado, también atendía la iglesia que Dios nos había entregado, hoy a través de este libro agradezco a Odanys quien siempre estuvo al pendiente y que ahora por la gracia de Dios es pastor en el estado de Florida. En los días posteriores a la operación, recuerdo que el nivel de azúcar en la sangre de mi esposo no bajaba, ya llevábamos una semana en el hospital, pero debido a la ansiedad que tenía no bajaba. Un día entró el internista y me dijo: "No le puedo dar de alta". Yo le dije: "Deme la oportunidad de llevármelo a casa y le prometo que en dos días vendrá con el nivel de azúcar más bajo", él me dijo: "No puedo hacer eso, él tiene el nivel de azúcar muy alto". En ese momento le dije: "No me dé la oportunidad a mí, désela a Dios para que haga el milagro". En ese momento el doctor se fue sin medir palabra, no obstante, algunas horas después regresó y me dijo: "Llévatelo y vamos a darle la oportunidad a tu Dios".

En dos días, su azúcar había bajado de 500 mg/dl a 200 mg/dl. Tal vez usted se preguntará, ¿todo esto te causó rencor o creó alguna raíz de amargura? Mi respuesta es no, al contrario, forjó en mí carácter, me enseñó a hablar a través del silencio, me enseñó a pedir perdón aun siendo la ofendida, me mostró que no era con mis fuerzas, pues cuando yo metía la mano, solo dañaba o atrasaba las cosas, pero cuando era Él recibía victoria. También me enseñó a experimentar paz en medio de las tribulaciones, por lo tanto, hoy le doy las gracias a todos aquellos que nos empujaron, porque me llevaron a morir a mi yo y a dejar que Él viviera en mí, sin ellos no hubiese aprendido a negarme a mi misma y cargar mi cruz.

En una parte de este capítulo, mencioné que como pastores no le habíamos consultado a Dios para tomar la decisión de realizar un préstamo, es necesario que entendamos que cada decisión tomada sin la aprobación del padre trae consecuencias. Es muy fácil hablar el leguaje de víctimas y decir: ellos nos hicieron daño, no obstante, fuimos nosotros los que indirectamente provocamos que Dios nos amonestara por medio de esta situación y nos dejara saber que habíamos puesto nuestra confianza en los hombres, dejándolo a Él de lado. Pensamos que Él necesitaba ayuda nuestra para que se le construyera casa o para pagar un préstamo. Él solo necesita fe, obediencia y paciencia, el salmista expresó: "Pacientemente esperé a Jehová, y se inclinó a mí y oyó mi clamor" Salmo 40:1.

Capítulo 7

Dios estuvo en control

Siempre que seamos efectivos en lo que Dios nos envió a hacer incomodaremos al reino de las tinieblas. En este punto ya habíamos enfrentado un sinnúmero de situaciones, sin embargo, pronto veríamos la mano de nuestro Dios obrando a nuestro favor, pues de la misma manera que se levanta la oposición, el león de la tribu de Judá pelea por sus hijos.

Dios nos había entregado una encomienda, así que, seguimos adorándolo, predicando Su palabra y haciendo su perfecta voluntad. La iglesia seguía creciendo y nos sentíamos tranquilos, pues teníamos nuestro lugar de encuentro, era una bendición tener un lugar seguro donde adorarle.

Recuerdo que en una ocasión, me encontraba limpiando los atrios del templo cuando una vecina del lugar llegó y comenzó a reclamarnos por la construcción de este. Me encontraba sorprendida y no entendía lo que ella reclamaba, pues al momento de la compra todo había estado muy claro y nunca tuvimos ningún tipo de contratiempo. Le pregunté a qué se debía su reclamo y ella muy enojada me contestó que tenía que derrumbar una parte de la estructura de la iglesia porque donde se encontraba era parte de su terreno. ¡Se imaginan! ¿Cómo esto podía ser posible? Si el terreno estaba marcado y cercado al momento de la compraventa.

Al preguntarle, sumamente incómoda, me dijo que ella había hecho un trato con el dueño anterior, pero no con nosotros. Pasaron algunos días y nos llegó una citación del tribunal. Era aquella vecina que nos estaba demandando para que removiéramos un pedazo de la estructura. Esto era una locura, el templo estaba construido era totalmente imposible, incluso la parte que ella reclamaba era un terreno al cual ni siquiera tenía acceso.

Al pasar de los días la situación empeoró, estábamos llevando a cabo uno de nuestros servicios y observamos hacia la montaña donde podíamos ver su terreno. Allí se encontraba un grupo vestido de blanco, hablando cosas extrañas y señalando hacia nuestra iglesia, ese día supimos que era una bruja a la cual le incomodaba lo que estaba sucediendo en la iglesia, esto no es de extrañar pues las tinieblas no soportan la luz, no obstante, sentíamos la opresión.

Recuerdo que, en uno de nuestros compromisos a ministrar en otra congregación, un joven se acercó a nosotros al finalizar el servicio, este nos dio una palabra de advertencia sin saber lo que estábamos atravesando. Nos dijo: "Pastores refuercen la oración, porque la persona que vive cerca de su iglesia es una bruja, soy amigo de su hijo y vi en su casa un altar de brujería y en él había una foto de ustedes". Sabíamos a lo que nos enfrentábamos, pero Dios quería que peleáramos esta batalla de rodillas. Hay batallas que solo venceremos de rodillas y con su dirección.

La situación se tornó tan seria, que nos vimos en la obligación de contratar un abogado. Luego de reunirnos en su oficina, él nos visitó en nuestro templo para poder visualizar lo que ella reclamaba. Sentimos un alivio inmenso, pues un abogado con prestigio nos estaba representando. ¡Qué ignorantes solemos ser, jamás el hombre podrá darle solución a algo espiritual!

"¡Qué ignorantes solemos ser, jamás el hombre podrá darle solución a algo espiritual!"

Tuvimos que pagar una cuantiosa cantidad de dinero para que él nos representara legalmente. Todo iba bien y continuaban las vistas, sin embargo, de repente él nos citó a su oficina para hablar del caso. Totalmente ingenuos a lo que nos diría, fuimos muy confiados de que serían buenas noticias. Sin embargo, sin ningún rodeo nos dijo que debíamos demoler ese pedazo de la iglesia. Nosotros totalmente asombrados le dijimos que eso era absurdo. ¿Cómo era posible que nos pidiera algo como eso? El coraje y la impotencia se apoderó de nosotros. Se nos hacía imposible asimilar que tendríamos que acceder al capricho de una mujer que ni acceso tenía a ese lugar, por otra parte, era absurdo que nuestro abogado, a quien le teníamos tanta confianza, le estuviera dando la razón a alguien que no la tenía y cuyo único objetivo era que la iglesia no estuviera más en ese lugar, era imposible de creer.

Los siguientes días, mi esposo, algunos líderes, y yo guardamos silencio. Aunque emocionalmente estábamos cargados, delante del pueblo actuamos como si nada estuviera sucediendo. Nos mantuvimos esperando respuestas de arriba, aunque lo único que experimentábamos era silencio, no obstante, permanecimos adorando, porque a Dios no hay que entenderlo, solo obedecerlo. Pasaron los días y nos llegó una citación del tribunal, en esta nos notificaban que el tribunal había fallado a favor de ella. Fue devastador pensar que nuevamente nos tendríamos que ir de ese lugar, ¿cómo le diríamos a la congregación que teníamos que demoler una parte de la iglesia? No tan solo eso, también tendríamos que pagarle 30,000 dólares. ¿Qué hacemos? Era lo que nuestra humanidad gritaba, el silencio de Dios era incómodo, pero no dejaba de demostrar su poder en la casa, Él estaba presente en nuestros servicios, pero no nos daba respuesta a nuestra situación.

Pasado el tiempo llegó el día de la citación, estábamos todos muy nerviosos, pero a la vez confiados en que las puertas del hades no prevalecerían contra la iglesia. En aquella ocasión nos acompañó uno de los hermanos y amigos de la congregación y su amada esposa, su nombre era Víctor Andino. Al entrar en la sala nos percatamos de que nuestro abogado no se presentó y nos informaron que no nos representaría más. ¡Wow! La persona en quien habíamos puesto nuestra confianza nos abandonó. El libro de Jeremías en el capítulo 12:15 nos advierte, "Maldito el hombre que confía en otro hombre".

Llego el momento de la lectura de la sentencia y este hombre que nos había acompañado, levantó su mano y le pidió a la jueza que lo incluyeran en la demanda. ¡Se imaginan! Dios trae personas a nuestra vida con un propósito, Él tenía planes diferentes a los nuestros. A veces Dios quiere recordarnos que Él tiene el control de todo, que somos totalmente débiles y que nuestras fuerzas provienen de Él. La jueza lo miró, pero accedió a su propuesta, este hombre se encargó del pago de la deuda, Dios nos libró una vez más de toda culpabilidad, demostrando que Él siempre tendrá cuidado de sus hijos.

"A veces Dios quiere recordarnos que Él tiene el control de todo, que somos totalmente débiles y que nuestras fuerzas provienen de Él".

Pasado el tiempo, este hombre de quien siempre estaremos agradecidos, le notificó a la jueza que la casa de la vecina estaba embargada, por lo tanto, ya este lugar no le pertenecía, una vez más Dios tuvo cuidado de nosotros. No se desespere, si está esperando la respuesta de Dios, siga adorando, aunque no la vea. Él está en control, Él sabe lo que hace. Nuestra humanidad siempre entrará en desespero, ¿quién después de haber construido casa a Jehová va a querer derrumbar lo que con tanto sacrificio logró? Nunca el diablo podrá quitarle lo que no le dio, resista. El hombre puede hablar, pero la última palabra la tiene Dios. ¿Fueron años de angustias? Sí. ¿Entró la duda? Sí. ¿Lloramos? Sí. ¿Qué fue lo que nos dio la victoria? El silencio, dejar que Dios hiciera como Él quisiera y seguir de rodillas, esa es la posición correcta ante cualquier amenaza que el infierno prepare en su contra.

> "Nunca el diablo podrá quitarle lo que no le dio, resista".

Capítulo 8

Una lección de fe

La iglesia siempre está en transición, es parte del crecimiento que unos se vayan y otros lleguen. Lo más importante es salir en paz del lugar donde Dios le llevó a crecer por un tiempo, aunque eventualmente tenga que volar. Así que, luego de todo este periodo continuamos sirviéndole a Dios con la misma pasión, y viendo el crecimiento de la casa. Siempre he tenido presente que la ausencia de los hombres se supera, pero la ausencia de Dios en la casa es insuperable, por lo tanto, procuro vivir para Él y desde ese día adopté el tema de un mensaje que Él me entregó titulado: "¿Cómo lo haría el Señor?".

De una manera inexplicable, Dios comenzó a permitirme ver las cosas de una forma diferente y no caminar por vista, sino a través de la fe. Vi cómo algunos que se habían ido regresaban a la casa y podía abrazarlos sin recordar nada de lo que habíamos vivido. Algún tiempo antes, en una conversación con mi esposo, tocamos el tema del perdón y él me dijo: "Mami (como él suele decirme), todavía tú no has experimentado el verdadero perdón", yo le refuté: "¿Cómo tú me vas a decir eso?, yo no siento ninguna raíz de amargura. Él me contestó tiernamente: "Mami todavía no has tenido la oportunidad de encontrarlos de frente, es ahí donde sabrás si borraste todo recuerdo".

Aquellas fueron palabras con luz, cuando llegó el momento de ver a algunos entrar por la puerta de la casa, venía a mí una y otra vez, el recuerdo de aquellas palabras de sabiduría que mi esposo me había regalado. Pude abrazarlos de la misma forma en que lo había hecho la primera vez que llegaron a la casa, parecía imposible de creer, pero cuando Dios habita en un lugar no se puede manifestar otra cosa que no sean los frutos del Espíritu, no solo les recibimos, sino que les volvimos a sentar a la mesa, como lo haría el Señor. Eso no quiere decir que no continuaron los ataques, simplemente sentíamos paz. La Biblia dice que todo lo que proviene de Dios produce paz y eso incluye lo bueno y lo que para usted no es tan bueno.

"Cuando Dios habita en un lugar no se puede manifestar otra cosa que no sean los frutos del Espíritu".

Desde ese momento, Dios cambió mi corazón a tal nivel que ya nada me afectaba, y desde entonces aprendí a construir en el desierto. Comencé a repetir un lema que a muchos no le fue de agrado, pero que estaba experimentando en mi vida: "Estoy brava en el espíritu", era un asunto entre Él y yo. Sin temor a equivocarme, desde esa fecha aprendí a reconocer lo que Dios quería conmigo, ya el perdón no era mi talón de Aquiles, me salía solo, no me avergonzaba de pedir perdón, y hasta el día de hoy así he permanecido aun siendo yo la afectada.

Luego de un tiempo, me encontraba en mi hogar y recibí una llamada telefónica. Era mi madre, el ser más importante de mi vida, y quien me enseñó a ser fuerte. A través del teléfono pude escuchar cuando me dijo que le habían realizado una colonoscopía y encontraron algo extraño. En ese momento le dije: "Mami tranquila, todo va a estar bien, nada va a pasar". No dejaba de repetir mi lema y me sentía totalmente empoderada. Llegó el día de la lectura de los análisis, el doctor comenzó a hablar y yo con mi cabeza bien erguida, solo estaba esperando el momento en que dijera una mala noticia para reprenderlo, pero la mujer "brava en el espíritu" comenzó a desboronarse cuando escuchó la palabra "cáncer". Mi cuerpo comenzó a temblar y tuve que salir corriendo al baño. La mujer de hierro no tenía control de si, no me salía ni una palabra, el mundo se me había caído encima. Frente al espejo de aquel baño, comencé a preguntarle al Señor: "¿Qué pasó? ¿Por qué actué de esta manera si yo soy una mujer de fe? Quiero decirle qué hay batallas en las que el Señor no le necesita y no será usted la vasija que Él utilice para hacer el milagro. Al regresar a la oficina del médico y mirar a mi vieja, pude ver que no había votado ni una lágrima, ella simplemente me miró y dijo: "Mamita ¿qué te pasa?, todo va a estar bien.

Déjeme decirle algo, mi vieja no canta, ni predica, y en todos los años que llevaba sirviéndole al Señor nunca había tomado una parte en su iglesia, así que, de una forma involuntaria la subestimé. Yo pensé que como la pastora, la que predicaba y la que subía de madrugada a orar era yo, era a mí a la que Dios tenía que escuchar. Cuidado con subestimar a alguien, porque se puede sorprender, mi madre me dejó muy claro en ese momento que no era mi fe la que Dios iba a recompensar, sino la de ella. Recuerdo que luego de la cita fuimos a comer, sin embargo, fue algo muy breve, rápidamente le dije a mi madre: "Mami te llevo y me voy a mi hogar". Si algo tengo bien claro es que en la mucha palabra no falta pecado y las decisiones de Dios no se cuestionan, la voluntad de Él siempre será perfecta. Ya en mi hogar no paraban las llamadas y las personas comenzaron a llegar para acompañarme, entre ellos una niña a la que llamo mi Chaquita, no obstante, les pedí que me dejaran sola porque necesitaba hablar con Él. Ya encerrada en mi habitación lo único que salió de mi boca fue: "Señor

"Hay batallas en las que el Señor no le necesita y no será usted la vasija que Él utilice para hacer el milagro".

Jesús, no quiero cuestionar tu decisión, solo permíteme llorar. ¿Alguna vez le ha pedido a Dios que solo le deje llorar? En ese momento dije como el salmista en el Salmo 30:5: "En la noche será el lloro y en el día vendrá la alegría".

El día de la cirugía llegó, todos comenzamos a despedirnos de mamá envueltos en llanto, pues anteriormente había tenido problemas con la anestesia, y la cirugía para remover el tumor que le estaba empujando el intestino, era muy delicada. Luego de que entró a la sala de operaciones y mi padre me dijo: "Mamita tuve un sueño", yo le dije: "Papi no empieces", en ese momento no era que estuviera siendo grosera con mi viejo, sino que sus sueños siempre eran trágicos y de solo pensarlo me causó terror. Me dijo: "Déjame decirte", llena de nervios lo escuché, mi padre no le servía al Señor. Me dijo: "Escúchame mamita, vi a tu mamá entrar a la sala de operaciones y también vi un hombre vestido de blanco. Este metió su mano en el vientre y sacó una pelota, luego subió sus manos con ella y desapareció".

Estábamos en la sala de espera, la cirugía tomó más tiempo de lo que esperábamos, no obstante, el doctor salió y nos dijo a gran voz: "Familia Rivera, todo salió bien". ¡Se imaginan! Dios le reveló a mi viejo, quien no le servía, lo que se supone que me revelara a mí. Que equivocados estamos, Dios usa a quien Él quiera usar. Un ejemplo de esto lo vemos con Balaam en el libro de Números 22.

Luego de un tiempo de recuperación en el hogar, debíamos ir a la cita de seguimiento para continuar con el próximo paso ante un cáncer tan agresivo. La oncóloga miró los resultados y sin terminar de leerlos expresó que debía comenzar de inmediato el tratamiento de quimioterapia. En ese momento la fortaleza de mi vieja tambaleó, sin embargo, la mía estaba en "high". La Biblia dice que: "El ánimo del hombre soportará su enfermedad", Proverbios 18:14, así que le tomé la mano y le dije: "Mami todo va a estar bien". Tenía presente el sueño que tuvo mi viejo, no obstante, teníamos mucha incertidumbre, pues lo único que veíamos era la oncóloga de un lado a otro y moviendo la cabeza. Ella comenzó a preguntarnos del historial familiar y si alguien en la familia había tenido cáncer, mencionando diferentes partes del cuerpo. Luego de más treinta minutos la doctora nos dijo: "Yo no creo en Dios, pero lo que sucedió no es normal, no hay ni rastro del cáncer y ni siquiera puedo recetarle pastillas de prevención, pues lo que había en usted desapareció". Mi vieja le contestó: "Tranquila no era necesario que usted creyera en Él, bastaba con que yo creyera para que Él hiciera el milagro.

Más adelante, mi vieja ya estaba totalmente recuperada, sin embargo, continuó asistiendo a sus citas de seguimiento y fue en una de ellas que la oncóloga le dijo: "Dalila, ¿te puedo pedir un favor, podrías orar por mí?" Dios cambió el panorama, una mujer que no creía en Él pidiendo oración. Los planes de Dios siempre serán perfectos. Simultáneamente continuábamos nuestro trabajo en la obra, viendo cosas maravillosas en el Señor. La casa casi estaba terminaba, pero, continuábamos pagando las consecuencias de un préstamo que nos llevaba por la "vía dolorosa", ja ja ja. No obstante, Dios continuaba abriendo puertas y llevándonos a diferentes lugares.

Para ese tiempo, recuerdo que recibí una llamada de mi hermana menor donde me dijo: "Yary ve a casa que papi que está tirado en el suelo", salí de inmediato y todo mi cuerpo temblaba. Durante todo el camino fui orando para que mi corazón no se turbara. Cuando llegué, mi padre estaba tirado en el suelo con una sábana blanca, no sabía que hacer, quedé en "shock", no sabía si llorar o gritar y no podía moverme. Comencé a hablar con Dios en mi mente, un espíritu de confusión me estaba consumiendo y le dije: "Tú prometiste que lo salvarías". Todos cargamos una promesa de parte de Dios y la mía era que yo y mi casa le serviríamos, por esa razón cuando lo vi tirado en el suelo dudé de esa promesa, pensé que se me había ido sin reconocer a mi Señor como su Salvador. Miles de pensamientos invadían mi mente, tanto tiempo sirviendo a Dios y no me había ganado a mi viejo. Cuando logré correr hacia donde él estaba tirado, vino una mujer de la nada y me gritó: "Tranquila pastora, todavía está vivo", ¡Wow, sentí mi alma volver a mi cuerpo! Nadie está preparado para ver uno de los seres más importantes de su vida partir. Me subí en la ambulancia y la mujer paramédico estaba totalmente hostil, yo tenía deseos de desatar mi humanidad, no obstante, la blanda respuesta aplaca la ira. Miré al suelo y suspiré, entonces le dije: "Disculpa si te incomodo con mis preguntas", ella respondió: "Guarda silencio" y comenzó a decirme el cuadro clínico que estaba atravesando mi viejo, "Tu papá está infartando".

Llegamos a la sala de emergencia y comenzaron a decir por altavoz unos códigos para que el personal necesario llegara a atender la emergencia, envuelta en lágrimas llamé a mi esposo y le dije lo que estaba sucediendo, inmediatamente me respondió: "Sé que es duro lo que estás viviendo, pero hazle la profesión de fe", llena de dolor le pregunté: "¿Cómo se le hace la profesión de fe a tu viejo, yo no quiero que se muera?"

"No tenemos que ser las mujeres más espirituales del mundo, simplemente debemos ser conformes al corazón de Dios para demostrar lo virtuosas que podemos ser".

Siempre apelamos al milagro, levántalo mi Dios y sánalo, era lo que yo esperaba, pero hay milagros que se producen de una manera diferente no como nosotros queremos. En ese momento le di la noticia a mis hermanos y a mi vieja y luego de terminar las llamadas, vino una enfermera y me dijo: "Tu papá no va a sobrevivir". Con un dolor inmenso en mi corazón le dije: "Necesito entrar y es ahora", ella me respondió: "No puedes", nuevamente con lágrimas en mis ojos y el corazón desgarrado de dolor le dije: "Te suplico que me dejes entrar", en ese momento el doctor salió y me dijo: "Te voy a dejar entrar, pero ¿me das la autorización de ponerle una inyección en el mismo corazón?", rápidamente contesté que sí. Luego del proceso me dejó entrar, sin embargo, lo veía tan vulnerable, siendo mi viejo un hombre tan fuerte.

En esos momentos no cuentan los recuerdos del pasado, era mi viejo el que estaba en esa camilla y él fue el instrumento que Dios utilizó para mi existencia. El hombre que me enseñó a ser fuerte y a hablar con la verdad, ese era mi papá, el que estaba muriendo en la sala de un hospital. Eso era lo único que venía a mi mente, junto a la responsabilidad que tenía de que alcanzara la vida eterna. Me acerqué a él y me miró con ojos de tristeza, luego me dijo: "Hay mamita de esta no salgo", no me salían las palabras, pero sacando fuerzas de donde no tenía, le dije: "Papi ¿quieres aceptar a Cristo?", ese momento fue muy difícil para mí, lo próximo que le dije fue: "Dime que sí, dime que sí, dime que sí". Él me miró y dijo: "Sí mamita", sentí paz en medio de tanto dolor, pues sabía que si partía alcanzaría la vida eterna.

Recuerdo que esa noche la pasé junto a él velando sus sueños. En un momento dado él me dijo: "Mamita no voy a poder pasar la noche", fue muy difícil ver a mi viejo con dificultad para respirar, buscando aire y no poder hacer nada para evitar su sufrimiento. Él continuaba infartando y su oxigenación era muy pobre. Al día siguiente, lo trasladaron a otro hospital. Estando con él, una de las noches me dijo: "Mamita, antes de que tú me preguntaras, ya yo había aceptado a Cristo solo tirado en el suelo, cuando pensaba que no resistiría yo me encomendé a Él". En ocasiones, personas que amamos mueren y no sabemos si han tenido la oportunidad de entregar su vida al Señor, esto crea aflicción en nosotros, pero en esta ocasión Dios permitió que mi viejo viviera un tiempo, para que en mí no hubiera duda de que Él prometió salvarlo y así lo cumplió.

Luego del primer infarto, mi papá estuvo con vida un mes y dos semanas dentro de una gran agonía. Recuerdo que él siempre le decía a mi mamá que cuando estuviera enfermo nadie lo cuidaría. No obstante, tengo unos hermanos extraordinarios y juntos hacemos un gran equipo. Era nuestra responsabilidad cuidar de él, pero ver como mi vieja lo limpiaba con tanto amor era ver a Dios reflejado en ella, esa que él tanto maltrató era la que sostenía su mano sin el más mínimo rencor. Él la miraba con ternura e incredulidad al mismo tiempo, pues mi vieja nunca le reprochó nada de lo que él le había hecho. Fue él mismo, quien un día me dijo: "Mamita yo fui tan malo con tu mamá y mírala aquí desvelada cuidando de mí". No tenemos que ser las mujeres más espirituales del mundo, simplemente debemos ser conformes al corazón de Dios para demostrar lo virtuosas que podemos ser.

En toda esta situación que enfrentábamos como familia solo faltaba una puerta por cerrar, la puerta del perdón entre mi padre y mi hermano, pues su relación estaba lacerada. Sin embargo, Dios permitió que mi hermano pudiera llegar dos semanas antes de su partida. En medio de su reencuentro pude observar la cara de asombro de mi padre al verlo, esto trajo alegría a su vida, incluso le cambió el semblante y el estado de ánimo.

Luego de unos días de esto, recuerdo que era un viernes y tenía que relevar a mi vieja en el hospital. Ese día le dije a mi papá: "Vamos a sentarte, ya mismo nos vamos" y comencé a sobar sus pies, a orar por él y le dije: "Papi Dios está aquí, nada te va a pasar". En días anteriores él había tenido luchas con demonios y me había pedido que cerrara la ventana porque se lo querían llevar. Esta situación le provocaba terror, no quería dormir en las noches y eso lo debilitaba más. No obstante, esa noche sucedió algo diferente, eran las ocho de la noche y ya se había terminado la hora de visita. De repente entraron a la habitación mi hermano y un primo nuestro. Asombrada les pregunté: "¿Cómo entraron?", porque ya había terminado la hora de visita, y ellos me dijeron: "El oficial de seguridad no estaba". En ese momento entró un hombre a la habitación, nunca lo había visto, no obstante, nos dijo: "Vine a visitar a Bernardo, según dice la ciencia soy cardiólogo", en ese momento sacó un pote de aceite del bolsillo y dijo: "Pero no vengo como cardiólogo, vengo en nombre del Padre a decirte que Él ya sanó tu corazón". Mi papá comenzó a sentir la presencia del Señor y luego de terminar de orar por él, dio la vuelta y se fue.

Al otro día, lo senté en una silla y se veía tan repuesto que le dije: "Papi, ya mismo nos vamos para casa", sin embargo, él me contestó: "Mamita yo voy a salir de aquí, pero no regreso a casa. Anoche me visitaron tres personajes vestidos de blanco y me dijeron: "Bernardo ya estás listo"", además me dijo: "Mamita Dios sanó mi corazón". Ese día le conté a mi mamá todo lo que había sucedido la noche anterior, así que cuando mi mamá vino a la visita preguntamos por el cardiólogo y para nuestra sorpresa, nadie sabía quién era.

El cardiólogo por excelencia había entrado a sanar el corazón de mi viejo, no de la manera que mi humanidad hubiera querido, pero sanó sus heridas, se llevó toda raíz de amargura, se fue el rencor y la falta de perdón, mi Señor le devolvía la paz que su vida pasada le había quitado. Ese acontecimiento fue sábado y el siguiente martes falleció. Fui testigo de cómo Dios sanó su corazón y cumplió la promesa que me hizo de salvarlo, yo tal vez esperaba verle junto a mí en la iglesia adorando, pero Dios tenía otros planes mejores que los míos, darle vida y permitirme ver el poder del perdón manifestado en mis viejos.

Aun en mi aflicción no dejé de asistir a los servicios en la iglesia. Le daba mi mejor alabanza, aunque en una de las ocasiones tenía a mi viejo y a mi esposo hospitalizados al mismo tiempo. Humanamente estaba sin fuerzas, pero mi espíritu estaba totalmente regocijado. Tal vez no era como lo esperaba, pero sí como Dios quiso. Recuerdo que cuando estábamos en los preparativos del funeral una de mis hermanas me dijo: "Tuve un sueño con mi viejo, lo vi vestido de blanco, se veía hermoso". Además, me dijo: "Mamita yo estoy bien donde estoy". Es que Dios es perfecto, Él no es hombre para que mienta, ni hijo de hombre para que se arrepienta, Él prometió que lo salvaría y así lo cumplió, ¡viejo nos volveremos a ver!

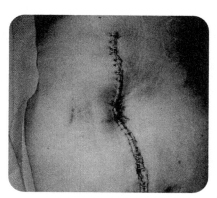

Esta es la cicatriz del milagro de mi mamá

Capítulo 9

Levantando las ruinas

Como ministros, diariamente nos enfrentamos a muchas batallas, y en un sinnúmero de ocasiones cuando pensamos que todo pasó, debemos prepararnos para lo próximo que tendremos que enfrentar. No existe el ministerio color rosa, ese que lleva a algunas personas a pensar que todos van a admirarle. Es necesario entender y siempre tener en cuenta, que nuestra meta es parecernos cada día más a Jesús, y Él tuvo que padecer por la causa de su Padre. No habiendo pecado en Él, sufrió el desprecio de los suyos, la traición de quienes sentó a la mesa, la duda de aquellos que lo vieron hacer milagros y el abandono de todos.

Todas las adversidades por las que habíamos pasado forjaron carácter en mí, y agradezco a Dios que ha pesar de ellas puedo gritar ¡Todavía estoy de pie! No obstante, habíamos entrado en una zona de "confort". Pastoreábamos dos iglesias, teníamos un programa radial dos veces a la semana y cumplíamos con los viajes ministeriales, quedando agotados física y mentalmente. El tiempo transcurría en medio de todas nuestras responsabilidades, pero llegó María.

Comenzaron a circular las noticias y veíamos cómo crecía el fenómeno atmosférico. Comenzamos a interceder en la iglesia y le pedimos al Padre que alejara de Puerto Rico este poderoso huracán. Recuerdo que le dije a las damas de la iglesia que me acompañaran al monte a orar. Llegamos más de cincuenta damas y todas nos colocamos de rodillas gimiendo y clamando. Cuando culminó la oración todas se pusieron de pie, no obstante, yo continué de rodillas con un llanto que no podía contener, era un dolor inmenso y una tristeza profunda dentro de mí. Al terminar me levanté sin mediar palabra alguna y me retiré a mi hogar.

Al día siguiente, a solo horas de la llegada de este fenómeno atmosférico, nos reunimos nuevamente en la iglesia con un grupo más reducido y nuevamente me envolvió aquella tristeza. Al llegar a mi hogar luego de finalizar la oración, comenzó aquella voz a retumbar en mi interior, me decía como en el libro de los Hechos capítulo 27: "Perderán todo lo material, pero cobren ánimo". Recuerdo que ese día compartí el mensaje que Dios me había dado a través de nuestra página ministerial, pero no sabía que Él nos estaba hablando personalmente a nosotros para que nos preparáramos para lo que nos tocaba atravesar. Lo que sucedió ese 20 de septiembre del 2017 fue devastador, estábamos ansiosos de que amaneciera para saber lo que había sucedido con nuestra iglesia. Cuando todo terminó salimos desesperados y aún con los árboles en el suelo, fuimos a ver a nuestros familiares. Al ver que ellos dentro de todo estaban bien, salimos a ver cómo estaba la iglesia. Recuerdo que, en el camino mientras iba orando, le decía al Señor que si quería llevarse nuestro hogar, donde residíamos, que lo hiciera, pues lo teníamos por gracia y misericordia, pero que no se llevara nuestro lugar de encuentro.

La desesperación se apoderó de nosotros porque no encontrábamos paso por ningún lugar, no podíamos llegar, no había comunicación, todo estaba devastado. Lo único que podíamos ver era la cara de dolor de aquellos que sobrevivieron a ese monstruoso huracán que arrasó con nuestra Isla del Cordero. Aunque no pudimos llegar y tuvimos que virar hacia nuestro hogar, Dios permitió que de regreso a nuestro hogar unos hermanos de la iglesia se las ingeniaran para llevarnos la triste noticia de que nuestro lugar de encuentro estaba destrozado. Fue el sentimiento más horrible que haya podido experimentar. En aquel momento, totalmente desconsolada, me encerré en mi habitación a llorar, solo los que han tenido que padecer por la causa de Cristo podrán entender ese dolor, aquellos que sin la ayuda de nadie han tenido que forjar un camino.

Entonces llegó la inevitable pregunta: ¿qué hacemos ahora? No faltaron las muestras de cariño y solidaridad para con nosotros.

Pasados algunos días y ya con el camino más despejado, llegamos a nuestro lugar de encuentro. Recuerdo que el portón estaba cerrado, mi esposo en medio del desespero lo brincó y comenzó a subir envuelto en llanto y totalmente desconsolado. Cuantas pregunta y reclamos, como si tuviéramos derecho de reclamarle al Maestro. Él es quién tiene el control todo y quien todo lo sabe, pero era inevitable sentir aquel dolor, no era cualquier lugar, era la casa de nuestro amado, la que construimos con tanto sacrificio. Por lo tanto, ver como en cuestión de minutos se destruyó lo que nos costó años y lágrimas levantar, nos llenó de dolor. El grito de nuestra alma era ¿por qué? ¿Cómo se vuelve a comenzar?

Totalmente destruidos emocionalmente, seguimos dando nuestros servicios en la parte de abajo del templo, donde todo comenzó, sin luz, sin agua y con nuestra mejor sonrisa animando al pueblo, pero destruidos. Recuerdo que en una ocasión nos encontramos una mujer, esta sin piedad ninguna nos dijo: "Waoo, vi cómo quedó el templo, pero esto Dios lo había hablado, Él dijo que destruiría los mega templos porque eso es vanidad". Si hay algo con lo que yo he luchado en este ministerio es con mi impulsividad a la hora de defender lo que amo, en ese momento guardé silencio y me di la vuelta, poniendo en práctica lo que había aprendido, "hablar a través del silencio".

Nuestro próximo paso fue buscar la ayuda de un hombre que trabajaba con seguros. Le cuento que en ese mismo año nos habían subido la póliza del seguro de la iglesia y mi esposo no estaba de acuerdo por el valor tan alto que estaban poniendo, no obstante, la tesorera de la iglesia y yo procedimos a realizar el cambio. Continuando con el relato, este hombre nos dijo que era bien difícil que el seguro nos pagara por ser iglesia, sin embargo, yo me resistía a recibir esa palabra. Comencé a buscar el número de la aseguradora y me comuniqué con ellos, créame que en cada llamada era Dios el que ponía palabras en mí. En una ocasión, quien atendía las llamadas me dijo: "Pastora esto puede tardar mucho", no obstante, yo le contesté: "Ya Dios tiene la fecha agendada", y él me contestó: "Voy a hablar con el ingeniero para ver cuándo puede visitarlos, pero no le seguro que sea pronto", esto lo decía porque los que estaban visitando los casos eran extranjeros.

Ese mismo día recibí una llamada telefónica donde me informaban que me iban a realizar la primera visita para inspección y que ellos me estarían llamando nuevamente para agendar el día. Estaba sumamente emocionada. Ese mismo día en la tarde, recibí otra llamada, era el ingeniero que iba a trabajar el caso, dejándome saber que estaría visitando la iglesia el próximo jueves. Estaba totalmente sorprendida de lo que estaba sucediendo, pero muy contenta y esperando con ansias el día de la visita.

Llegó el día tan esperado, aquel hombre comenzó a ver lo devastado que estaba el lugar, sin embargo, al tratarse de una iglesia nos dejó saber que era un caso un poco difícil para que el seguro lo aprobara. Inmediatamente y llena de la presencia del Señor le dije: "Dios tiene todo bajo control, no lo vea como ingeniero, empiece a ver las cosas en el espíritu", estábamos en el altar de la iglesia y el me miró muy sorprendido y me dijo: "Pondré todo mi empeño para trabajar este caso".

Seguimos orando y dando nuestra mejor alabanza en la parte de abajo de la iglesia, sin luz y sin agua, pero aferrados a la fe. Pasado los días, temprano en la mañana, decidí llamar directamente al ingeniero. Al contestar, inmediatamente le pregunté: "¿Qué ha pasado con nuestro caso? Él me respondió: "¿Le puedo llamar en la tarde?", y le dije: "Sí". Estábamos ansiosos esperando esa llamada, sabíamos que en casos como estos para aprobar deben hacer varias visitas y él solo había realizado una, no obstante Dios le había revelado a mi esposo que lo aprobarían e incluso le había dado la cantidad exacta que nos darían. Entró la llamada y estábamos llenos de nervios, sin embargo, él ingeniero comenzó a pedirnos perdón, nos dijo: "Ustedes merecen más de lo que le aprobaron", en ese momento pensé en una cantidad baja, no obstante, le dije: "Ya Dios nos dijo cuánto nos aprobarían". Tengo que decirle que para mi sorpresa y la de mi amado, la cantidad aprobada era la misma que Dios ya le había revelado. Comenzamos a llorar, a gritar y recordamos el pasaje del profeta Isaías: "Aunque pases por las aguas yo estaré contigo y si por los ríos no te anegarán, cuando pases por el fuego no te quemarás y las llamas no arderán en ti". En el momento pensamos que nos íbamos a ahogar, pero Él estaba teniendo cuidado de nosotros. El cheque que se supone que saliera en un mes, a nosotros nos lo entregaron al siguiente día. Una vez en nuestras manos corrimos a la sucursal donde teníamos el préstamo del que hablo en capítulos anteriores con la intención de saldarlo. Al explicar lo que queríamos hacer el personal de la sucursal no accedió, sin embargo, con la autoridad del Señor les dije: "Vengo a saldar el préstamo y yo no salgo de este lugar sin hacerlo". Así salí, sin deuda y con un sobrante para levantarnos de las ruinas.

Así quedó nuestro templo luego del huracán María

¡Dios nos permitió levantar nuestro templo una vez más, Él es fiel!

Capítulo 10

Escucha la voz de mi silencio

Hoy en día sé que muchos ministros sufren en silencio, es por esto, por lo que decidí escribir este libro. El mismo, no tiene el más mínimo interés de hacerle creer que ya todo es perfecto, al contrario, las traiciones y las batallas continúan, al igual que los días difíciles. Si los enumerara no culminaríamos y no es de eso que quiero hablarle, sino, de que cada proceso en mi vida trajo una enseñanza y deseo compartir una que marcó mi vida para siempre.

El predicador, en el libro de Proverbios, dijo: "Aun el necio, cuando calla es contado por sabio y el que cierra sus labios es inteligente". Siempre que voy a ministrar la palabra del Señor le pido que me muestre lo que Él quiere que le hable al pueblo, y que antes de ministrarlo primero me ministre a mí. Recuerdo que en una ocasión Dios me reveló el mensaje de la predicación en sueños. Retumbando en mi mente, el Señor me dijo: "Escucha la voz de mi silencio, de ahora en adelante hablarás a través del silencio. Algunos pensarán que es cobardía, otros dirán: el que calla otorga, pero a través de tú silencio Yo hablaré por ti".¿Cómo se puede mantener silencio ante la injusticia cuando tienes la verdad? Sin entenderlo, comencé a poner en práctica lo que Él me pedía. Sin comprender lo que Él quería de mí, escuchaba y guardaba silencio, veía y continuaba guardando silencio porqué hay veces que no decir nada es más valioso que hablar. Debemos tomar en cuenta que al igual que las palabras, el silencio es una forma de comunicarnos, la Biblia nos da muchos consejos, tanto para hablar como para callar y es importante que podamos discernir, cuando es Dios quien quiere que practiquemos alguna de las dos, por el bien de nuestra vida espiritual.

"Debemos tomar en cuenta que al igual que las palabras, el silencio es una forma de comunicarnos".

El silencio me permitió alejarme del ruido constante que hay aquí en la tierra y afinar mis oídos para escuchar la voz de mi amado. Ya no veo las cosas como las veía antes o me expreso como lo hacía antes. A través del silencio aprendí a perdonar, amar, y levantar, a aquellos que un día se convirtieron en mis más grandes transgresores. Hoy es un día para despojarnos de todo peso, para que el peso de la gloria de Jehová sea sobre nosotros. Él nunca dijo que sería fácil el camino, tampoco dijo que no habría dificultades, nunca dijo que tendría miles de amigos y que todos le amarían o que no se enfermaría. No obstante, sí dijo que sería su pronto auxilio en la tribulación, que muchas serían sus aflicciones, pero que de todas ellas Él le libraría. Que, al alzar sus ojos a los montes, Él sería su socorro. Que, al pasar por las aguas, Él estaría con usted y que cuando pasara por el fuego, no se quemaría. Cuando tenga deseos de rendirse, solo recuerde que Él no le da cargas que usted no pueda sobrellevar, y que Él sabía que usted podía, por eso le escogió. Hoy demostremos de qué estamos hechos, si Él es con nosotros, quién contra nosotros. Aprendí que aun el día más oscuro es maravilloso en el Señor, pues ¡yo no quería, pero Él quiso!

Made in the USA
Middletown, DE
16 April 2021